TUS MEJORES FOTOGRAFÍAS

con
Poca luz

grijalbo

Un libro Rotovision

Publicado por
Rotovision SA
7 rue du Bugnon
1299 Crans-pres-Celigny
Suiza

ISBN 970-05-1176-6

Título original en inglés: Lowlight Photography

Traducción al español y maquetación:
T&S® - Traducciones y Tratamiento de la Documentación, S.L.
Rda. Sant Antoni, 60, 3o.
E-08001 Barcelona, España
Tel   +34 93 302 3539
Fax   +34 93 302 3531

Libro diseñado por Brenda Dermody

Fotocomposición:
Abast, S.L.
Aragó, 526, entlo. 5
E-08013 Barcelona, España
Tel/Fax   +34 93 247 2257

Producción y fotomecánica en Singapur por:
ProVision Pte Ltd
Tel +65 334 7720
Fax   +65 334 7721

Impreso en Singapur/Printed in Singapore

TUS MEJORES FOTOGRAFÍAS

con
Poca luz

DAVID DAYE

Índice

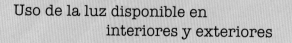

Uso de la luz disponible en
interiores y exteriores

1

En algún momento, el fotógrafo deberá hacer
frente a situaciones en las que el tema o la
imagen sean ideales, pero no así la iluminación. El uso del flash destruiría
el efecto visual o imprimiría un brillo excesivo a los colores de un retrato.
En tales condiciones, los fotógrafos deben extraer el máximo partido de la
luz disponible, ya sea ésta buena o mala. Con frecuencia, aunque la
iluminación sea mala, es posible crear una imagen llamativa e
impactante, como demuestran los siguientes ejemplos.

Puestas de sol

La puesta de sol es un tema fotográfico típico y espectacular, con un gran potencial. Si bien consiste en fotografiar la propia fuente luminosa, las condiciones de la iluminación pueden variar; los requisitos de exposición dependerán del efecto que el fotógrafo desee conseguir.

Veo

La imagen más típica de una puesta del sol incluye al propio sol, cuyo intenso brillo lo convierte en el centro de la composición. Se consigue una imagen efectiva al fotografiar el astro junto a un elemento geográfico o de construcción humana, pues éste proporciona sentido de la escala.

Pienso

Una puesta de sol reflejada en el mar o en un lago confiere a la imagen un interés visual adicional. Es el propio sol el que proporciona la iluminación utilizada para fotografiarlo, por lo que, cuanto más bajo esté, de menos luz dispondremos.

Actúo

Una medición directa de la exposición tomada de las zonas luminosas (aunque, por razones de seguridad, no del propio sol), o un medio tono reproducirían el sol como un potente disco naranja, si bien el resto de la imagen quedaría oscuro. Al incrementar la exposición, utilizando una velocidad de obturación inferior o una mayor abertura, se ha conseguido un sol más amarillo y brillante y un mayor detalle visible en el resto de la imagen.

Regla de oro

Cuando el sol cae por debajo del horizonte, deja un arrebol, una zona de brillo, que permanece en el cielo durante algún tiempo. Si el cielo está despejado, esta iluminación crea una gran zona de color degradado que puede emplearse como fondo para resaltar contornos o semicontornos llamativos.

Datos técnicos Cámara réflex de 35 mm de un objetivo con zoom de 28–85 mm a distancia focal de 85 mm y película Kodachrome 200.

Un sol bajo y agua son los dos elementos de la clásica fotografía de puesta de sol. El sol constituye el centro de la imagen y determina si el formato debe ser vertical u horizontal.

Datos técnicos
Cámara réflex de 35 mm de un objetivo, objetivo de 50 mm y película Fujichrome.

Puestas de sol

Veo

Una puesta de sol puede **transformar** totalmente cualquier lugar, incluso aquellos que, a **la luz del día**, parecen no tener posibilidades. El **fotógrafo viajero** tiene acceso a muchos paisajes que pueden utilizarse como fondo o como parte principal de una **imagen**.

Pienso

El fotógrafo sabía por dónde **se pondría el sol** y pensó de antemano cómo influiría la puesta de sol sobre el paisaje. También sabía que cualquier forma – en este caso, la de las **palmeras** – quedaría contorneada al recortarla sobre un cielo bañado por la puesta de sol.

Actúo

El uso moderado que el fotógrafo ha realizado del **teleobjetivo** transmite la impresión de que la montaña del último plano está más próxima a los árboles de lo que en la realidad lo está. La disposición de la **silueta** de los árboles debajo de la zona central ha creado un equilibrio visual positivo entre el cielo y el mar.

Datos técnicos

Cámara réflex de 35 mm de un objetivo con zoom de 70–210 mm a distancia focal de 100 mm y película Fujichrome 100.

Puestas de sol

Veo

Una fotografía estándar de una puesta de sol puede tener un gran impacto visual, aunque, si la **variación** es poca, este tipo de fotografías puede resultar repetitivo. Aprovecha los mágicos momentos tras la puesta de sol: ofrecen muchas posibilidades de conseguir una fotografía llena de sensaciones y **ambiente**.

Pienso

Las grandes superficies de agua pueden constituir un poderoso elemento en cualquier composición fotográfica, dada su capacidad de reflejar el **cielo** y los objetos circudantes. Este efecto reflectante puede resultar especialmente llamativo si se usa para captar los cálidos colores de un cielo bañado por la **puesta de sol**.

Actúo

Los distintos elementos de esta composición requerían una colocación cuidada para conseguir una imagen equilibrada. En el **visor,** el fotógrafo colocó el bote de manera que ocupara un tercio del área **pictórica**, lo cual generó una gran expansión de los malvas y púrpuras, colores que imprimen una gran fuerza a esta tranquila imagen.

Las puestas de sol no siempre acontecen en condiciones ideales. Las nubes pueden ocultar gran parte del ocaso, si bien es posible captar momentos como éste en el que los rayos del sol se filtran entre las nubes. El contraste entre la luz solar reflejada en las olas y las oscuras zonas circudantes han generado una imagen teatral y llena de fuerza.

Datos técnicos
Cámara réflex de 35 mm de un objetivo con objetivo normal de 50 mm y película Kodachrome 64.

Datos técnicos

Cámara réflex de 35 mm de un objetivo con zoom de 35—70 mm a distancia focal de 40 mm y película Kodachrome 64.

Relámpagos

El relámpago es una fuerza indómita de la naturaleza que requiere respeto y paciencia por parte de quien pretende fotografiarla con poca luz. La seguridad personal es lo primero: deben tomarse todas las precauciones necesarias antes de disparar. Mediante el uso de técnicas cuidadosamente estudiadas y de una planificación *a priori,* el fotógrafo puede conseguir captar imágenes sorprendentes de este espectacular tema.

Veo

Si bien las tormentas eléctricas son el medio natural en el que se producen los relámpagos, es imposible predecir con exactitud en qué punto del cielo éstos van a aparecer y qué zona del encuadre van a ocupar.

Pienso

Se ha escogido un horizonte adecuado y se ha establecido un encuadre amplio para permitir la aparición del relámpago.

El tipo de película utilizado por el fotógrafo dependerá de si se desea conseguir una imagen con poco grano (película de baja sensibilidad ISO 25, 50 ó 64) o una imagen con mucho grano (película de alta sensibilidad ISO 200, 400 o superior).

Actúo

La posición B permite al disparador permancer abierto varios segundos, minutos o incluso horas. Ello aumenta la posibilidad de captar uno o varios relámpagos. Sin embargo, el fotógrafo debe limitar el tiempo de abertura del obturador. Cuanto más tiempo permanezca abierto, más brillo tendrá la fotografía, lo cual reducirá el contraste entre el relámpago y la zona oscura que lo envuelve y, por lo tanto, el impacto de la fotografía.

Se efectuaron varios disparos para aumentar las posibilidades de lograr la imagen deseada. Dado que se empleó la posición B, se colocó la cámara en un trípode.

Datos técnicos

Cámara réflex de 35 mm de un objetivo con zoom de 75–150 mm y película Kodachrome 64.

Relámpagos

Las fotografías de relámpagos sobre horizontes urbanos combinan la iluminación artificial con la natural.

Veo

Un horizonte urbano es un paisaje excelente para fotografíar relámpagos. La noche y las horas de poca luz son sin duda las mejores ocasiones para conseguir una sorprendente composición de alto contraste.

Pienso

El relámpago se produce en las fracciones más ínfimas de un segundo. Cuanto más lenta sea la velocidad del obturador, más oportunidades tendremos de captar un relámpago en la película.

El fotógrafo sabía que usando una exposición prolongada, en la posición B, captaría más de un relámpago.

Actúo

El lugar más seguro para fotografíar relámpagos es desde el interior de un edificio con pararrayos adecuados.

Un edificio alto ofrece una posición de disparo segura y un punto de vista elevado, lo cual facilita la composición. La cámara se colocó sobre un trípode para conseguir una fotografía definida.

Se utilizó un disparador de cable para que el fotógrafo no tuviera necesidad de tocar la cámara. Este procedimiento reduce el riesgo de mover la cámara, lo cual daría lugar a una imagen borrosa.

Datos técnicos

Cámara réflex de 35 mm de un objetivo con zoom de 70–210 mm a distancia focal de 100 mm y película Kodachrome 200.

Datos técnicos
▼Cámara réflex de 35 mm de un objetivo con teleobjetivo corto de 85 mm
y película de diapositivas en color Fujichrome 100.

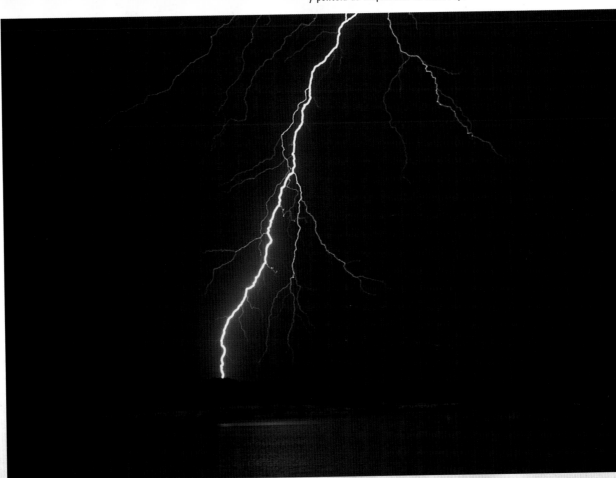

Es fácil olvidarse de la composición al prepararse para fotografiar
un relámpago. Encuadrar este tema resulta difícil, pues el fotógrafo
debe dejar el espacio que desea que ocupen los relámpagos en la
imagen.
De lo que no cabe duda es de que el relámpago constituirá el foco
de la composición.

Relámpagos

Veo

Una buena fotografía, al margen de lo **espontánea** que parezca, será mejor si se realiza una planificación previa. Conocer cuáles son las condiciones de iluminación probables, hallar la **localización idónea** y prepararse para disparar son hechos que contribuyen a que la fotografía presente una composición correcta.

Pienso

El fotógrafo deseaba tomar más de una imagen de relámpagos. Como fotógrafo **experimentado** en la fotografía con poca luz, sabía que, si se daban las condiciones adecuadas, era posible captar esta imagen, si bien era necesario trabajarla en detalle.

Actúo

Para fotografiar relámpagos, lo mejor es emplear la posición B, ya que ofrece un **tiempo de exposición** ilimitado. La posición B es también perfecta para fotografiar rastros de luces de automóviles, para lo cual se requiere una exposición prolongada. El **fotógrafo** ha captado ambos temas con el mismo encuadre. Para conseguir estas maravillosas imágenes fueron necesarias una buena composición, temporización, **paciencia** y varios encuadres.

Luna y estrellas

La luna es una fuente luminosa natural, además de un tema popular de la fotografía nocturna. Puede constituir el tema principal, fotografiarse contra el horizonte o un contorno, o ser un tema nocturno iluminado por su propia luz.

Datos técnicos

Cámara réflex de un objetivo de 35 mm con teleobjetivo de 200 mm y película Fujichrome 100 forzada a sensibilidad ISO 400 para conseguir mayor flexibilidad de la exposición, mediante una mayor velocidad del obturador y/o una menor apertura.

La bella forma de la luna en cuarto creciente constituye el núcleo de esta fotografía. El fotógrafo utilizó un teleobjetivo para producir una gran imagen de la luna, mientras que las nubes y la oscuridad componen un fondo apropiado.

Veo

A menudo, la luna queda recortada sobre un **fondo** que complementa su característica forma brillante. El fotógrafo sabía que el cielo de esta fotografía, a medio camino entre el **atardecer** y la noche, ofrecería el contexto perfecto.

Pienso

La bella forma de la luna en cuarto creciente es suficiente para llenar la parte superior del encuadre, si bien el horizonte **contorneado** de la base de la fotografía confiere equilibrio y mayor interés a la composición.

Actúo

Es posible realizar disparos sin movimiento utilizando una película de alta sensibilidad y una iluminación adecuada. No obstante, en condiciones tan **oscuras** como éstas, debe utilizarse el trípode. Además de estabilizar la cámara, el trípode ayudó a conseguir una línea recta del horizonte.

Datos técnicos
▼ Cámara réflex de 35 mm de un objetivo con objetivo normal de 50 mm y película Kodachrome 200.

Veo

El cielo estrellado ofrecía varios **puntos de luz**, pero carecía de una zona principal de interés o de sentido de composición. El fotógrafo sabía que, colocando un horizonte recortado en la base de la imagen, obtendría una fotografía equilibrada, agradable a la **vista** y con todo el impacto de las **estrellas**.

Pienso

Es necesario elegir la exposición cuidadosamente, ya que un disparo a velocidad demasiado lenta recogería el movimiento de las estrellas en el **cielo** y se generarían rayos de luz, en lugar de pequeños puntos de luz. Tal y como sucedía a la hora de fotografiar la **luna**, es esencial utilizar un trípode.

Actúo

La imagen se encuadró para que el área **contorneada** ocupara el tercio inferior de la fotografía. La precisión del encuadre permitió llenar el resto del área pictórica de estrellas.

Dado que este disparo requería una **estabilidad** total, la cámara se colocó sobre un trípode y se utilizó un disparador de cable.

Los rayos luminosos de esta fotografía de un cielo estrellado denotan el movimiento estelar. Este movimiento se captó gracias a una exposición prolongada de aproximadamente 1 hora, combinada con la rotación terrestre.

Datos técnicos

Cámara réflex de 35 mm de un objetivo con teleobjetivo corto u objetivo para "retrato" de 85 mm y película Kodachrome 64.

Datos técnicos

Cámara réflex de 35 mm de un objetivo con objetivo de 50 mm y película Kodak Ektachrome 20.

Días con poca luz

Una situación lumínica que puede parecer muy difícil e incluso imposible de fotografiar al principio puede solucionarse utilizando la posición B. Dado que dicha posición ofrece una gama ilimtada de velocidad de disparo, el fotógrafo puede captar cualquier imagen, aún estando ésta totalmente a oscuras. Evidentemente, cuando se opte por exposiciones que se prolonguen durante varios minutos, el fotógrafo deberá aceptar ciertas limitaciones, como el hecho de que el mínimo movimiento creará una mancha borrosa, o de que se reducirá en gran medida la capacidad de la película para registrar los colores con exactitud.

Regla de oro

Fallo de reciprocidad

Las películas fotográficas están diseñadas para actuar en una franja limitada de exposición; sobrepasar dicha franja altera su capacidad de registrar los colores con exactitud. Esta condición se denomina "fallo de reciprocidad". Quienes deseen mantener la fidelidad cromática deben utilizar filtros especiales de corrección del color. No obstante, algunas de las inexactitudes provocadas por el fallo de reciprocidad pueden realzar la imagen. Muchos fotógrafos optan por conservar estos cambios de color, utilizándolos como parte de la composición.

Veo

El fotógrafo decidió captar esta imagen durante un viaje en bote por el canal. Compuso la fotografía de manera que el bote del primer plano se convirtiese en el foco de la misma.

Pienso

Un paisaje como éste impone el uso del trípode, el uso de la posición B y cierta experiencia en la evaluación y la fotografía de temas con una iluminación escasa.

Actúo

Con una cámara réflex de un objetivo con fotómetro incorporado, el fotógrafo calculó la exposición y la empleó como base para la exposición final, que duró aproximadamente 3 minutos. Se colocó un flash electrónico individual en posición automática y enfocado hacia el bote, para actuar como flash de relleno.

Regla de oro

Al fotografiar en la posición B, no siempre es necesario tener una película de sensibilidad ISO elevada, ya que, al estar la cámara colocada sobre el trípode, se reduce al mínimo el movimiento durante la exposición.

El fotógrafo tomó esta fotografía desde un punto de vista bajo, con el fin de vincular estrechamente los elementos del primer y último planos.

Datos técnicos

Cámara réflex de 35 mm de un objetivo con zoom de 35-70 mm a distancia focal de 35 mm y película Fujichrome Provia. ▼

Iluminación de bajo nivel

Fotografiar en la sombra o en la penumbra total con ciertas partes de la escena iluminadas es un problema poco frecuente de la fotografía con poca luz. Es necesario juzgar cuidadosamente la exposición, con el fin de mantener una atmósfera o efecto luminoso particular y controlar el contraste.

Veo

Cuanto más bajo sea el punto de vista, más espectacular parecerá la imagen.

El vapor que emana de la boca de la alcantarilla confiere cierta vida a esta escena del paisaje urbano.

Pienso

Una imagen nocturna como ésta posee una teatralidad y un impacto inmediatos. El fotógrafo sabía que el efecto quedaría resaltado mediante el fuerte contraste entre las zonas iluminadas y las zonas oscuras.

Actúo

El uso de un gran angular en formato vertical ha generado un primer plano que adentra el ojo del espectador en la imagen. El fotógrafo evitó con todo cuidado cualquier tipo de luz artificial, incluidas las fuentes luminosas reales, si bien sus haces de luz y reflejos sobre las superficies brillantes son evidentes.

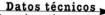

Datos técnicos
Cámara réflex de 35 mm de un objetivo con objetivo de 35 mm y película Ilford HP5.

De nuevo, el punto de vista bajo ha proporcionado una perspectiva teatral en esta escena urbana similar a la de la página anterior. En esta ocasión, la fotografía fue tomada durante el día, pero las condiciones de penumbra requerían conocimientos sobre fotografía con poca luz. Obsérvese cómo, gracias a la iluminación desde una fuente luminosa lejana, pueden apreciarse detalles de la textura incluso en las superficies brillantes más pequeñas.

Iluminación de bajo nivel

Muchos grandes acuarios y acuarios marinos permiten la visión de los animales desde todos los ángulos. Las instalaciones con pasillos de vidrio interiores suelen ser espaciosas y, en los días claros, ofrecen suficiente luz para tomar fotografías.

Veo

Los delfines son una de las criaturas
marinas más fotogénicas y fáciles
de fotografiar. Un acuario como éste ofrece un
acceso fácil a estos mamíferos y la oportunidad
de capturar buenas imágenes
incluso con el equipo fotográfico más básico.

Pienso

La limpieza continua del agua de los
acuarios marinos los conserva
totalmente limpios de desechos, lo cual ofrece
un fondo nítido para fotografiar este tema.
Cuando se realizan las fotografías con películas
para luz solar (es decir, para luz normal), suele
ocurrir una coloración azul. En caso de ser
necesario, pueden emplearse filtros especiales
para compensar o reducir la dominante
de color, si bien algunos fotógrafos
prefieren el efecto de una imagen sin filtro.

Realización

Es posible tomar fotografías a través de un
cristal esmerilado y obtener resultados
aceptables. El flash puede suponer un problema, pues es posible olvidarlo y que provoque
una reflejo indeseado en la superficie del vidrio.
Una alternativa es utilizar una película de sensibilidad ISO 200 o superior, que permita varias
velocidades de disparo, lo suficientemente
rápidas para congelar el movimiento.
La anticipación fue un factor clave para esta
fotografía. El fotógrafo, que conocía la ruta de
los delfines, se ubicó en la posición
adecuada y esperó pacientemente a que
apareciera el animal. Ésta es tan sólo una de las
varias fotografías tomadas.

Cámara réflex de 35 mm de un objetivo con zoom de 28–70 mm y película Fujichrome 100.▼

Datos técnicos

Temas abstractos

Si se usa de manera creativa, la escasez de luz puede adecuarse al gusto del fotógrafo. Ofrece acceso a un amplio abanico de temas, como en la fotografía normal, incluida la creación de imágenes abstractas o semiabstractas.

Veo

A menudo, un pequeño detalle suele ser lo primero que atrae la atención del fotógrafo sobre un paisaje o tema fotográfico. El detalle puede luego quedar integrado en una composición global o puede poseer un gran interés visual por sí mismo y convertirse en el foco de la fotografía.

Pienso

El rojo y el negro producen una llamativa combinación de colores. El rojo reflejado en el agua genera una imagen intensa y llena de fuerza visual. A pesar de ser el rojo un color tan llamativo, cuando se lo combina con una iluminación tenue y zonas oscuras, como en esta fotografía, ayuda a transmitir sensación de tranquilidad.

Actúo

Se empleó un teleobjetivo o zoom para aislar esta zona de la escena general, separándola de otros elementos que hubieran podido distraer la vista y debilitar la composición.

Datos técnicos
Cámara réflex de 35 mm de un objetivo con teleobjetivo de 105 mm y película Kodachrome 64.

Al acortar la distancia entre la cámara y el tema, como ocurre en esta fotografía, se reduce la cantidad de luz disponible para el fotógrafo. Dado que la profundidad de campo en estas situaciones debe maximizarse, hay que utilizar una abertura muy pequeña, lo que a su vez conduce a la necesidad de emplear una velocidad de disparo muy lenta. Superar estas dificultades y obtener un buen resultado puede ser muy gratificante.

Una cámara estable, un macroobjetivo y las condiciones climáticas adecuadas contribuyeron a crear este delicado estudio de una hoja.

Datos técnicos

Cámara réflex de 35 mm de un objetivo con teleobjetivo de 28–70 mm montada sobre un trípode y película Kodachrome 64. ▼

Crepúsculo

El crepúsculo, el breve espacio de tiempo entre la puesta de sol y la noche, es una fuente de imágenes mágicas. El resplandor del cielo, junto con un tema adecuado, pueden constituir una combinación espectacular para el fotógrafo que trabaja con poca luz.

Veo

Esta escena **nocturna** ofrecía la luz justa para captar al pastor con su rebaño. Se trata de una fotografía elegante, cuyo éxito depende de los **reflejos** del fotógrafo frente a unas condiciones en las que la luz va desapareciendo.

Pienso

Para **encuadrar** adecuadamente temas en movimiento es necesario poseer ciertos conocimientos. Aquí, el fotógrafo ha previsto la acción, lo cual le ha permitido distribuir los distintos elementos para generar una **composición** equilibrada.

Actúo

Esta fotografía se tomó utilizando el teleobjetivo con **moderación**. Se empleó una película de sensibilidad alta para contrarrestar los bajos niveles de iluminación de los instantes que siguen a la puesta de sol. La textura granulada de esta película se adecua perfectamente a la iluminación escasa.

Datos técnicos

Cámara réflex de 35 mm de un objetivo con teleobjetivo de 200 mm y película Fujichrome 100. ▼

Siluetas

En algunas situaciones en las que la luz es escasa puede resultar difícil, e incluso imposible, equilibrar las zonas iluminadas y las zonas oscuras para conseguir una buena exposición.

Ello da lugar a una silueta, en la que tan sólo se dibuja un contorno oscuro del tema, sin detalles ni colores. Dada la fuerza de sus formas simples, los contornos producen gran impacto visual, en especial si se combinan con un color complementario.

Datos técnicos
Cámara réflex de 35 mm de un objetivo con gran angular de 24 mm y película Kodachrome 64.

El cielo despejado instantes después de la puesta del sol ofreció una bella gradación cromática del rojo al azul. La iluminación era suficiente para conseguir un marcado contorno de la forma del carro y el buey en esta escena asiática.

Obsérvese el contorno del árbol que rellena la esquina inferior derecha del encuadre.

Veo

La escena ya estaba contorneada o semicontorneada cuando el fotógrafo la concibió por primera vez como fotografía potencial. El rastro de luz que el sol deja en el cielo tras ponerse proveía un fondo anaranjado perfecto sobre el que recortar este contorno.

Pienso

El fotógrafo decidió separar únicamente estos elementos de la escena global. La proa dominante del barco más grande, situado en primer plano, ocupa gran parte de la superficie pictórica, si bien queda equilibrada por la proa, más pequeña, del otro barco.

Actúo

Un teleobjetivo largo ha aislado los dos barcos del resto de la escena. El teleobjetivo crea una sensación de proximidad mayor a la real entre los temas situados en el primer y último planos. Un encuadre estudiado y una ligera infraexposición consiguieron imprimir una mayor oscuridad a los contornos, sin reducir la luz del resto de la escena.

Datos técnicos
Cámara de 35 mm de un objetivo con teleobjetivo de 200 mm y película Fujichrome 100.

Siluetas

Las siluetas creadas por el hombre o por objetos
construidos por éste no son menos difíciles de
componer que el resto de imágenes. Aunque pueden parecer más bidimensionales
(es decir, como si se tratara de un dibujo) que una imagen normal, el fotógrafo
necesita estudiar detenidamente la composición para combinar de manera
adecuada los diferentes elementos.

Esta composición de contornos está dominada por objetos de
fabricación humana. Las bellas formas de las redes se
complementan con los barcos y las figuras humanas. La parte
superior derecha queda ocupada por la silueta nítida de un
ave. El teleobjetivo ha acortado la distancia entre los diferentes elementos, lo cual transmite la impresión de que todos
se encuentran en el mismo plano, o sobre un "lienzo".

Datos técnicos
Cámara réflex de 35 mm de un objetivo con teleobjetivo de 70–210 mm
a distancia focal de 200 mm y película Kodachrome 64.

Datos técnicos

Cámara réflex de 35 mm de un objetivo con teleobjetivo de 80–200 mm a distancia focal de 135 mm y película Fujichrome 100 forzada a sensibilidad ISO 400.

Veo

Por norma general, cuando la luz es escasa, el aspecto de un lugar cambia por completo, haciéndolo parecer totalmente distinto a cómo se percibe cuando está iluminado. La oscuridad y los largos rastros de sombras confieren una sensación tétrica a este contorno de playa.

Pienso

A pesar de que el sol se encuentra ya bajo el horizonte, aún hay suficiente luz para diferenciar las zonas claras de las zonas oscuras. El fotógrafo utilizó palmeras para enmarcar adecuadamente el paisaje.

Actúo

El fotógrafo se ha situado en una posición correcta para obtener el mejor encuadre para su fotografía. También se ha seleccionado la exposición; de haber utilizado una obturación superior en uno o dos puntos, el efecto de contorneado habría sido menos pronunciado y la sensación de la imagen habría sido muy distinta.

Siluetas

Veo

Una silueta es un objeto que se ha reducido a un mero contorno. Algunas formas generan mejores **siluetas** que otras. Un fotógrafo con experiencia es capaz de juzgar rápidamente cómo conseguir que una **forma** específica componga una silueta interesante.

El cielo y los varios colores y texturas que en él se crean constituyen la principal fuente de fondos para las siluetas exteriores.

Pienso

La forma aeródinamica de un avión ofrece una silueta perfecta. El fotógrafo sabía que el cielo bañado por el resplandor de la **puesta de sol** compondría un fondo ideal.

Actúo

El fotógrafo colocó el avión de manera que rellenara el tercio inferior del encuadre. Si lo hubiera ubicado en el centro, habría alterado el **equilibrio visual** de la imagen y no habría podido captar gran parte de los colores de este **maravilloso cielo**.

Para decidir la exposición de una silueta, basta con tomar una medición de la parte más iluminda de la escena y utilizarla para obtener una **silueta oscura** y una fotografía oscura en conjunto, o con aumentar la exposición en uno o dos puntos: se aclarará la imagen y se conseguirán unos colores más intensos.

Así es como habría quedado la fotografía si se hubiera colocado la línea del horizonte a media altura del encuadre.

Datos técnicos
Cámara réflex de 35 mm de un objetivo con
objetivo de 24 mm y película Fujichrome 100. ▼

Siluetas

Veo

Las figuras de personas y de la grúa de esta obra, fotografiadas contra un cielo **nublado**, componen una imagen perfectamente contorneada. La simple iluminación del fondo permite que las siluetas destaquen con gran **nitidez**.

Pienso

Las figuras humanas imprimen sensación de **vida** a la escena, al tiempo que dan al espectador información acerca de la actividad del lugar y añaden sensación de **escala**.

Actúo

El fotógrafo basó su exposición en una medición tomada del cielo. En estas condiciones, no fue necesario realizar cálculos especiales, sino una simple medición directa de la exposición.

El **fotógrafo** tomó una serie de fotografías de las dos personas, decidiéndose finalmente por esta última.

Datos técnicos
Cámara réflex de 35 mm de un objetivo con teleobjetivo de 300 mm y película Fujichrome 100.

Interiores (luz natural)

Datos técnicos
Cámara réflex de 35 mm de un objetivo con zoom de 35–70 mm
película blanco y negro Ilford FP4. Tratamiento de la impresión
▼ solución de virado para obtener la coloración sepia.

Veo

La luz natural del día que se filtra en una
habitación ha sido la base de infinidad de
fotografías clásicas realizadas en el pasado y en el
presente. Aquí, las ventanas han controlado y
canalizado la luz simple y potente que invade
de manera uniforme toda la habitación, luz que queda
suavizada por las cortinas semitransparentes.

Pienso

La pose de la modelo constituye el corazón de la
composición y, tanto si la fotografía está preparada
como si es instantánea, transmite una sensación
totalmente natural. Toda la imagen transmite
sensación de sosiego, como si se hubiera captado un
momento de gran intimidad. La combinación de
elementos imprime a la fotografía un carácter
atemporal.

Actúo

El impecable encuadre y composición y la perfecta
ubicación de la cámara contribuyen al éxito de esta
fotografía. En esta situación era necesario colocar la
cámara en un trípode, pues era inevitable optar por
una duración prolongada de la exposición.
A la imagen resultante, fotografiada en película de
blanco y negro, se añadió un sutil tono sepia.

Interiores (luz natural)

Veo

El sol es la fuente luminosa más **potente** con la que cuenta el fotógrafo. Cuando sus rayos se sitúan en el ángulo adecuado, pueden iluminar los interiores más **oscuros y grandes**, tal y como demuestra esta fotografía tomada en el interior de una iglesia.

Las ventanas permiten el paso a la luz del día, que se refleja en todas las superficies con las que entra en contacto y expande su iluminación, inundando el interior.

Pienso

La difusión de la luz evita la necesidad de utilizar el flash. Por otro lado, la **iluminación** disponible genera un resultado totalmente natural que no se puede reproducir exactamente utilizando uno o varios flashes.

Actúo

Con una iluminación tan intensa, el valor de exposición para esta fotografía consistió en utilizar una velocidad del obturador que permitió utilizar la **cámara** sin necesidad de colocarla sobre un trípode.

Se utilizó un gran angular para conseguir captar gran parte del **interior de la iglesia**. Además, el gran angular permite una mayor profundidad de campo y captar con gran nitidez toda la imagen.

Datos técnicos Cámara réflex de 35 mm de un objetivo con gran angular de 24 mm y película Kodak Ektachrome 100.

La luz solar, única fuente luminosa de esta imagen, ha creado un semicontorno, debido a que los detalles de la vidriera y el jarrón de flores obstruyen la luz que penetra en la iglesia.

Aunque utilizando un flash se podría haber conseguido un resultado más luminoso, que mostrara más detalles del tema, la sensación y el efecto de semicontorneado se habrían perdido.

Datos técnicos
Cámara réflex de 35 mm de un objetivo con objetivo de 50 mm y película Kodak Ektachrome 100.

Interiores (luz natural y artificial)

Veo

Una simple **cortina** de encaje actúa como filtro de efectos especiales en esta fotografía. La luz que se filtra a través de ella (y que atraviesa el respaldo de la silla) crea **sombras** sobre las superficies de los objetos, transformando con ello toda la escena.

Pienso

El fotógrafo compuso la fotografía de manera que la **cortina de encaje**, junto con las hojas que se aprecian al otro lado de la ventana, ocuparan la mayor parte del área pictórica. El tercio inferior, ocupado por la mesa y la silla, presenta un mayor detalle, al tiempo que confiere **profundidad** a la imagen.

Actúo

La potente fuente luminosa, tomada directamente del sol o de un intenso reflejo de éste, requería reducir la **intensidad**. Ello se ha logrado gracias a la exposición escogida, que ofrece el detalle justo para intuir las **texturas y formas** de los objetos del interior. Para encuadrar la imagen perfectamente se utilizó un gran angular a distancia focal de 35 mm o 28 mm.

Datos técnicos
Cámara réflex de 35 mm de un objetivo con zoom de 35–70 mm a distancia focal de 70 mm y película Fujichrome 100.

La luz de las velas provee la única iluminación de esta fotografía, al tiempo que constituye el tema principal de la imagen. Cuando se encuentran rodeadas por una oscuridad total, como ocurre aquí, las velas crean una atmósfera de paz y contemplación.

El fotógrafo tomó la medición de la exposición de las llamas de las velas, pues sabía que así la zona oscurecida parecería más oscura de lo que en realidad es.

Datos técnicos
Cámara réflex de 35 mm de un objetivo con gran
angular de 28 mm o 35 mm y película Kodachrome 64.

Veo

La tenue luz que penetra por la ventana en esta imagen es perfecta para el tema de este delicado retrato. El libro que hay sobre el mantel rellena el espacio en blanco, sin distraer excesivamente la atención del espectador.

Pienso

La luz solar que entra en una habitación siempre pierde cierta intensidad a causa de las zonas y objetos del interior que absorben la luz. La exposición escogida debía compensar esta pérdida, además de obtener el máximo partido de la película de sensibilidad baja-media empleada.

Los colores de esta fotografía – amarillo, rojo, marrón y negro – combinan perfectamente entre sí y con el tema retratado.

Actúo

El gran angular, colocado en formato vertical, ha enmarcado nítidamente el tema principal y su entorno inmediato. El fotógrafo colocó la cara de la chica en la intersección de los tercios para convertirla en el foco de esta equilibrada composición.

Datos técnicos

Cámara réflex de 35 mm de un objetivo con gran angular de 28 mm y película Fujichrome 100.

Datos técnicos
Cámara réflex de 35 mm de un objetivo con gran angular
de 28 mm y película de blanco y negro Fuji Neopan. ▼

La película en blanco y negro simplifica el tema, reduciéndolo a blancos, negros y sombras grises. En esta fotografía, el blanco del mantel y el uniforme están equilibrados por los objetos de la mesa, así como por la zona oscura sobre la que queda recortada la figura del hombre sentado.

Las superficies reflectantes han aprovechado al máximo la luz que penetra por la ventana y han permitido utilizar una velocidad de obturación superior a la que habría sido necesaria si el mantel y el uniforme hubieran estado fabricados con un material más oscuro.

Se utilizó un gran angular para incluir el tema del retrato y su entorno inmediato.

Veo

Esta escena simple y tranquila puede encontrarse en casi todos sitios y debe todo su encanto al efecto creado por la **suave luz solar**. A pesar de la ausencia de clientes, la composición no parece necesitarlos.

Pienso

La gama de colores de esta fotografía es limitada; la mayoría de ellos se han **atenuado**. Las letras rojas del rótulo "CAFE" resaltan y añaden un toque de acabado a la fotografía. El efecto general habría sido muy distinto si las letras hubieran sido negras.

Actúo

Una naturaleza muerta o una imagen semiabstracta como ésta requieren un encuadre estudiado, en el que todos los elementos creen un equilibrio **armonioso**. Una medición de exposición simple tomada de la zona más iluminada – la ventana – ha transformado automáticamente la mesa y las sillas en simples **contornos**.

Se utilizó un gran angular de estándar a moderado (es decir, de 50 ó 35 mm) para encuadrar la imagen. Se trata de un objetivo más pequeño y ligero que el teleobjetivo. Sus dimensiones permiten sostener la cámara en mano durante el disparo, reduciendo el riesgo a que se mueva durante la exposición, que consistió en una velocidad baja del obturador.

Datos técnicos
Cámara réflex de 35 mm de un objetivo con objetivo normal de 50 mm y película Kodachrome 64.

Los grandes ventanales son una gran ayuda para el fotógrafo que pretende captar interiores utilizando únicamente la luz natural disponible. La potente luz solar que penetra en la habitación es absorbida y rebajada por las superficies y objetos del interior, como ocurre en esta fotografía.

La disposición y el encuadre fueron cruciales para obtener una buena fotografía en esta situación, como también lo fue el punto de vista elevado.

Veo

Un interior fotogénico como éste posee un atractivo constante, si bien algunos fotógrafos se amilanarían por las dificultades que plantea el tema. Aquí, el fotógrafo ha captado la simplicidad de estos imponentes pilares marmóreos, aprovechando al máximo la mínima luz solar que los ilumina.

Pienso

El uso de un flash habría aniquilado por completo los sutiles tonos que la luz natural reflejada sobre los pilares hace destacar en esta imagen compacta. Con colores mínimos – negro, blanco y tonos grises – este tema podría fotografiarse en blanco y negro o en color.

Actúo

El fotógrafo ha encuadrado la imagen utilizando un teleobjetivo, con el que ha podido seleccionar esta zona, aislándola del resto del interior, y con el que ha conseguido transmitir la impresión de que los tres pilares se encuentran en el mismo plano.

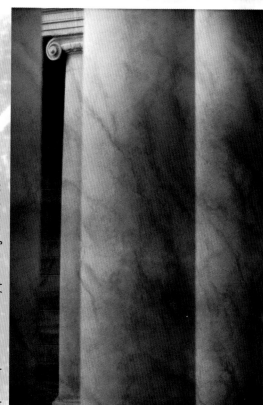

Datos técnicos
Cámara réflex de 35 mm de un objetivo con teleobjetivo de 200 mm y película Agfachrome 100.

La luz solar invade estas dos habitaciones y muestra las formas y texturas de los objetos del interior. Las zonas iluminadas y las zonas sombreadas forman parte integrante de la composición.

El fotógrafo ha compuesto la escena de manera que se cree un equilibrio perfecto entre las zonas iluminadas y las zonas oscuras. Precisamente, es la diferencia entre estas zonas la que llama inmediatamente la atención del espectador.

Datos técnicos
Cámara réflex de 35 mm de un objetivo con objetivo normal de 50 mm y película Fujichrome 100.

Luz artificial

2

La iluminación artificial es una necesidad
práctica, si bien también plantea problemas
a los fotógrafos. Dependiendo de la iluminación que se utilice, estos problemas pueden
ser mínimos y tener poco o ningún efecto negativo en la fotografía, o pueden ser más
serios y requerir medidas de corrección y accesorios especiales.

Las fotografías que se presentan a continuación se han tomado en
diferentes condiciones de iluminación artificial y demuestran cómo los
fotógrafos han logrado obtener buenos resultados a pesar de los
problemas a los que han tenido que hacer frente.

Interiores (iluminados)

Datos técnicos
Cámara réflex de 35 mm de un objetivo con objetivo normal de 50 mm y película Fujichrome 100.

En ciertos lugares, el fotógrafo decide qué iluminación desea utilizar, como ocurre en el caso de esta fotografía de esfinges egipcias. En ella, la iluminación resalta la solidez y los detalles de las esfinges.

Tras un estudio profundo de la composición, el fotógrafo optó por rellenar algo más de la mitad de la superficie pictórica con el imponente busto del faraón, que domina la composición, mientras que la segunda estatua y los detalles del fondo imprimen sensación de profundidad y equilibrio.

La tonalidad marrón amarillenta se ha conseguido utilizando una película en color para luz natural para fotografiar con luz artificial (tungsteno).

Veo

En esta fotografía se utilizó un ultra gran angular, que permitió captar el amplio interior de este **edificio islámico** y contribuyó a crear un diseño de mechas de luz individuales, generadas por las muchas **ventanas** a través de las cuales la luz solar penetra en el interior.

Detalles técnicos

Cámara réflex de 35 mm de un objetivo con ultra gran angular de 20 mm y película de Kodachrome 200.

Pienso

Se recurrió a una exposición que equilibraba la **luz diurna** con el anillo de luz artificial del centro, pero que no implicaba la sobreexposición de ninguna de las **fuentes luminosas**.

Actúo

El objetivo empleado recibe el nombre de **semiojo de pez**, debido a que la imagen que genera se asemeja a la conseguida con un ojo de pez, que produce una imagen totalmente **circular**.

Interiores (iluminados)

Veo

Esta fotografía muestra una escena cotidiana, por lo que fue necesario un ojo agudo para apreciar su potencial fotográfico. Las imágenes de este tipo pueden poseer interés creativo además de histórico.

Pienso

El fotógrafo observó que utilizar un flash era prácticamente imposible, ya que habría neutralizado el contraste, la combinación de iluminación natural y artificial y la atmósfera del decorado.

Actúo

Se seleccionó una distancia focal que mostrara la amplitud del interior y la concurrencia de la escena. El uso de una posición elevada ofrece una vista de pájaro y permitió al fotógrafo trabajar sin ser molestado por la bulliciosa multitud.

Datos técnicos
Cámara réflex de 35 mm de un objetivo con zoom de 35–70 mm y película Fujichrome 100 forzada a sensibilidad ISO 400.

Los ventanales y la amplia y reflectante mesa de conferencias interactúan en esta fotografía, inundando de luz la habitación y haciendo que las luces del techo parezcan innecesarias.

Detalles técnicos
Cámara réflex de 35 mm de un objetivo con zoom de 70–210 mm y película Fujichrome 400.

Interiores (iluminados)

Veo

La luz que penetra a través de una **ventana** transmite las formas y colores del propio vidrio y de sus adherencias. Buen ejemplo de ello es el **vidrio esmerilado**, que en esta fotografía proyecta sus colores y **diseño** sobre las superficies interiores de una iglesia.

Pienso

Esta fotografía simple informa inmediatamente al **observador** de la ubicación del lugar y del tipo de iluminación disponible. La fotografía muestra tanto la **vidriera** como el diseño de sombras que ha creado.

Actúo

Una exposición inferior habría resaltado más el detalle y color de la ventana y los **colores proyectados**, pero también habría oscurecido el resto del interior.

Usando un gran angular, se ha logrado captar un rincón considerable de la **iglesia**. Una característica común de las fotografías tomadas con un gran angular hacia arriba es que todas las líneas rectas **verticales** parecen converger en un punto.

Siempre que sea posible, debe utilizarse un objetivo especial (denominado objetivo de control de la perspectiva) para reducir dicho efecto, si bien, en esta fotografía, el resultado obtenido es aceptable y **natural**.

Datos técnicos

▼ Cámara réflex de 35 mm de un objetivo con gran angular de 24 mm y película Kodak Ektachrome 100.

Datos técnicos

Cámara réflex de 35 mm de un objetivo con zoom de 80–210 mm a distancia focal de 135 mm y película Kodachrome 200.

Detalle de una vidriera. Una vidriera es como una diapositiva a color de proporciones gigantescas. Cuanto más intensa sea la luz que se filtra a través del vidrio, más intensos se tornan los colores; además, la luz intensa permite apreciar con mayor claridad las tonalidades y sombras sutiles.

Interiores (iluminados)

Veo

Muchos fotógrafos se hubieran rendido ante una escena como ésta. La iluminación es muy difícil y pocas son las posibilidades de obtener una imagen nítida y definida. El grado de detalle es ínfimo, al haber quedado las figuras reducidas a meras siluetas.
A pesar del movimiento ajetreado de las personas, la escasa luz y la composición se han combinado para dar lugar a esta maravillosa imagen sombría.

Pienso

El fotógrafo conocía de antemano los inconvenientes y decidió utilizarlos como parte de la composición. La decisión de un tiempo de exposición con una velocidad de obturación lenta fue crucial para transmitir una fuerte sensación de movimiento.

Actúo

El fotógrafo calculó la exposición basándose en las zonas más luminosas, para la que el exposímetro sugirió una velocidad de oburación de entre 1/8 y 1/15 segundos. Las figuras muestran varios grados de borrosidad, dado que caminan a velocidades diferentes.
Para tomar esta fotografía, se fijó la cámara en un lugar, y se enfocó el objetivo hacia el centro de la escena.

Datos técnicos
Cámara réflex de 35 mm de un objetivo con zoom de 70–210 mm a distancia focal de 100 mm y película Fujichrome 100.

Interiores (iluminados)

La iluminación utilizada en la galería para iluminar las obras de arte ofrecía luz suficiente para captar esta imagen.
El brillo amarillo anaranjado causado por la iluminación de tungsteno es bastante aceptable. Obsérvese que las zonas más oscuras, que recorren los bordes de la fotografía, actúan prácticamente de marco.

Datos técnicos

Cámara réflex de 35 mm de un objetivo con objetivo normal de 50 mm y película Agfachrome 100.

Veo

En esta imagen, el fotógrafo ha congelado con **éxito** el interior de un estudio de grabación, iluminado únicamente por la luz artificial existente. La luz es tenue y uniforme, por lo que el **contraste** entre las zonas claras y oscuras no es demasiado fuerte y las sombras quedan suavizadas.

Pienso

El matiz dominante de color que resulta de usar una película en color para luz natural con iluminación de **tungsteno** puede compensarse con un filtro azul, que reduce el efecto. No obstante, muchos fotógrafos, para quienes la fidelidad de **color** no es lo esencial, prefieren la cálida dominante.

Actúo

El fotógrafo sabía que el **flash** destruiría el atractivo efecto producido por la iluminación artificial de la habitación y utilizó una película de sensibilidad alta para congelar la imagen. Optó por una película para **luz diurna** que, cuando se utiliza con luz de tungsteno (normal en la mayoría de hogares), produce una dominante **amarillo anaranjada**.

▲ Datos técnicos

Cámara réflex de 35 mm de un objetivo con semiojo de pez de 16 mm y película Fujichrome 100.

Interiores (iluminados)

Datos técnicos
Cámara réflex de 35 mm de un objetivo con zoom de 28–70 mm a distancia focal de 50 mm y película Fujichrome 400.

Veo

He aquí una imagen típica del entorno tradicional de la industria pesada que obligó al fotógrafo a explotar sus evidentes posiblidades fotográficas. La fuerte dominante de color naranja ocupa gran parte de la imagen, dotándola de una gran fuerza visual.

Pienso

Aunque no vemos la fuente de luz que ilumina la escena, sabemos por el atuendo del hombre que lo que está haciendo u observando es una actividad generadora de un calor intenso. El fotógrafo sabía que, a pesar del oscuro entorno, la luz reflejada en el tema principal sería suficiente para tomar una fotografía.

Actúo

El fotógrafo ha utilizado un teleobjetivo para llenar el encuadre con la cabeza del hombre. En una situación como ésta, el uso de un teleobjetivo es ideal, pues permite un amplio abanico de opciones de encuadre desde una distancia segura. El rostro del hombre sirvió de referencia para medir la exposición.

▲Datos técnicos

Cámara réflex de 35 mm de un objetivo con zoom de 28–70 mm y película en blanco y negro Kodak Tri-X ISO 400.

Para el fotógrafo de recursos, no hay problema sin solución. La luz existente en esta escalera mecánica era suficiente para fotografiar la escalera y al hombre, aunque no para iluminarle el rostro. Para solventar este problema, se colocó un pequeño flash proyectado hacia la cara del hombre.

Dado que el valor de exposición de la luz disponible y del flash debían equilibrarse, fue necesario optar por una velocidad de obturación lenta, que ha generado una figura humana borrosa, en la que tan sólo la cara se aprecia con nitidez, gracias a que se utilizó un flash para iluminarla.

La ciudad de noche

Veo

El agua quieta es un **espejo natural** perfecto, en el que se reflejan tanto cosas y colores naturales como de creación humana. He aquí una fotografía del Capitolio de Washington tomada justo tras la puesta de sol. En el estanque **ornamental** de la entrada se reflejan el edificio y el cielo.

Actúo

Se utilizó una cámara de **formato mediano** cargada con una película con un campo de imagen de 6 x 7 cm. Dado que estas cámaras son más pesadas que las de 35 mm, el fotógrafo estabilizó la suya sobre un trípode.

Regla de oro

Formato mediano – el encuadre de una película de formato mediano es superior al de una de 35 mm. Dentro de las cámaras de formato mediano existen diferentes tamaños de película: 6 x 6 cm, 6 x 7 cm, 6 x 8 cm, 6 x 9 cm, 6 x 12 cm y 6 x 19 cm. Los dos últimos tamaños ofrecen un campo de imagen más amplio y dimensiones de encuadre panorámicas. Cada uno de estos tamaños de película requiere una cámara de diseño exclusivo.

Datos técnicos
▼ Cámara réflex de formato mediano de un objetivo con gran angular de 75 mm y película Fujichrome Velvia de 6 x 7 cm.

La ciudad de noche

Veo

La iluminación nocturna y artificial han transformado este horizonte urbano. Las sombras grises de los edificios visibles a la luz del día han cedido paso a una serie de luminosos rascacielos, recortados contra un cielo oscuro.

Pienso

A pesar de tratarse del mismo tema, la diferente iluminación ha requerido dos procedimentos fotográficos distintos. Mientras que la fotografía diurna podía haberse tomado sin trípode y a una mayor velocidad de obturación, la nocturna requería estabilizar la cámara sobre un trípode y calcular la velocidad de obturación en segundos.

Actúo

Aunque la segunda fotografía se tomó con trípode, la composición y el encuadre son similares a los de la imagen diurna. Para la imagen nocturna, el fotógrafo realizó la medición de la exposición tomando como referencia la zona más iluminada y luego efectuó varios disparos, uno el valor obtenido para el diafragma y otros dos con aberturas de diafragma distintas, superior e inferior, utilizando un procedimiento denominado horquillado.

Datos técnicos
Cámara réflex de 35 mm de un objetivo con teleobjetivo de 300 mm y película Kodachrome 200.

Datos técnicos
Cámara réflex de 35 mm de un objetivo con zoom de 80—200 mm y película Fujichrome 400.

Regla de oro

El horquillado aumenta la posibilidd de obtener una fotografía con la exposición adecuada en condiciones de iluminación difíciles. En estas situaciones, suele utilizarse el horquillado, porque la exposición estimada "correcta" por la cámara – que sería la adecuada en condiciones de luz diurna normales – puede generar una fotografía con una exposición incorrecta si la iluminación no es estándar. El horquillado consiste en tomar una fotografía con los valores de exposición "correctos" dados por la cámara y dos fotografías adicionales, una de ellas con doble exposición y la otra con la mitad de la exposición estimada "correcta".

Datos técnicos

Cámara réflex de 35 mm de un objetivo con teleobjetivo de
200 mm y película Fujichrome 100 forzada a ISO 200.

El teleobjetivo ha permitido captar estos tres rascacielos, creando un interesante diseño semiabstracto con
sus ventanas. La exposición las ha reducido a una serie
de cuadrados y rectángulos blancos y negros.

Esta fotografía se tomó desde un edificio cercano. Es
posible fotografiar rascacielos desde una galería o una
simple ventana de un edificio adyacente de la misma
altura.

La ciudad de noche

Veo

Este viejo rascacielos despide un brillo fantasmagórico que lo hace resaltar en esta fotografía nocturna de un horizonte urbano. Se trata de la parte más luminosa de la escena y su posición en el centro del encuadre lo convierte en el foco natural de la fotografía.

Actúo

El fotógrafo usó una película en blanco y negro sensible a los rayos infrarrojos, película especial que ofrece mayor sensibilidad para fotografiar temas que despiden calor y permite recoger dicho calor como imagen. La potente iluminación de este edificio central y la ligera sobreexposición han generado un brillo intenso.

Pienso

La fotografía se estudió detenidamente mucho antes de ser tomada. El fotógrafo estaba familiarizado con las características especiales de las películas en blanco y negro sensibles a los rayos infrarrojos y sabía cómo reaccionaría la película con una iluminación artificial.

El Capitolio de Washington, fotografiado de noche contra un fondo oscuro, transmite sensación de paz. La única iluminación es la provista por las luces artificiales del edificio y de los alrededores.

Obsérvese cómo el edificio parece más alargado en el reflejo del agua.

Cámara réflex de 35 mm de un objetivo con zoom de 70-210 mm y película Kodachrome 200 a ISO 400

Datos técnicos

Datos técnicos

Cámara réflex de 35 mm de un objetivo con zoom de 80–200 mm y película en blanco y negro Kodak Tri-X ISO 400.

Veo

Clásica imagen nocturna del perfil de Nueva York. Con el encuadre totalmente relleno, la diagonal formada por el puente divide la fotografía en dos partes, dando lugar a una composición perfectamente equilibrada.

Pienso

El fotógrafo ha luchado por conseguir algo más que la típica fotografía de un horizonte urbano. Los líneas luminosas de la esquina inferior izquierda de la fotografía, aparte de rellenar esa zona, añaden interés y sensación de movimiento.

Actúo

Un valor de exposición con una velocidad de obturación de varios segundos ha permitido captar de manera óptima los edificios iluminados y el cielo, sin tener que someter ningún elemento pictórico a una sobreexposición.

La exposición lenta también ha permitido registrar las luces de los barcos en movimiento como estelas luminosas.

◄ **Datos técnicos**

Cámara réflex de 35 mm de un objetivo con teleobjetivo de 300 mm y película Kodachrome 200.

Veo

Clásica fotografía de luces de neón recortadas sobre un **cielo al atardecer**. El campo de la imagen aparece repleto de detalles de color e interés, sin que quede ningún espacio en blanco.

Pienso

La iluminación con neones plantea algunos problemas al fotógrafo. Puede emplearse una película en color para **luz natural**, sin que aparezcan colores dominantes o distrayentes. Para medir la exposición de una o varias luces de **neón**, basta con realizar una medición y aumentar la **exposición** entre medio y un punto.

Actúo

Para tomar esta fotografía, se utilizó un gran angular de entre 24 y 28 mm para incluir al **transeúnte**, el porche de neón y el perfil de la calle. En condiciones lumínicas adecuadas, no siempre es necesario utilizar un trípode, aún cuando se use una película de sensibilidad **media** (ISO 100).

Datos técnicos
Cámara réflex de 35 mm de un objetivo con gran angular de 28 mm y película Fujichrome 100.

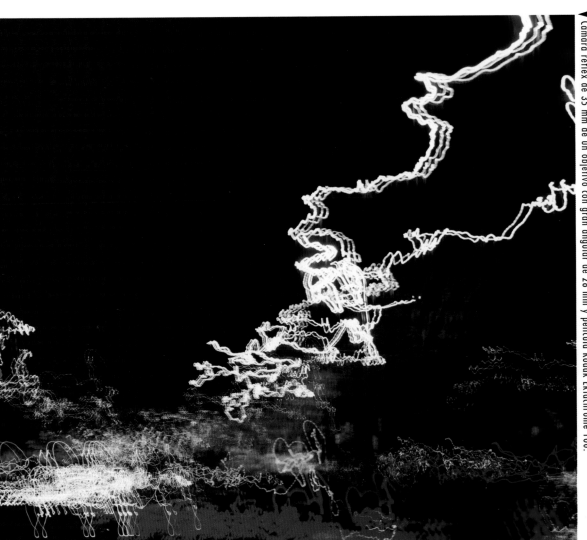

Datos técnicos
Cámara réflex de 35 mm de un objetivo con gran angular de 28 mm y película Kodak Ektachrome 100.

Para fotografiar esta sorprendente imagen abstracta, no se utilizó ningún tipo de efecto especial o truco. Simplemente, el autor fotografió las luces de un avión y pista de aterrizaje con la cámara en mano y a una velocidad de obturación lenta. El movimiento de la cámara causado por la baja velocidad de obturación se combinó con las luces en movimiento del avión para dar lugar a haces de luz irregulares.

La ciudad de noche

Datos técnicos
Cámara réflex de 35 mm de un objetivo con objetivo de 28 mm y película Kodachrome 64. ▼

Veo

Los rastros de luz generados por los faros de los **coches** transmiten el movimiento y la energía típica de una **autopista**. El formato de la fotografía y su cuidada composición conducen el ojo hacia el interior de la **imagen**.

Pienso

Con una velocidad de obturación más prolongada, los **rastros de luz** se habrían alargado y los vehículos habrían quedado más **difuminados** y habrían sido más difíciles de distinguir.

Actúo

La **velocidad** de obturación fue de entre 1/2 y 1 segundo. A estas velocidades, y con una cámara colocada sobre un trípode, no siempre es necesario utilizar un disparador de cable.

El **puente** que cruza la **autopista** sirvió al **fotógrafo** de plataforma de visión excelente, desde donde disparar sin correr riesgos.

Fotografía frontal de un puente tomada por la noche desde una perspectiva elevada. Una velocidad del obturador de varios segundos ha difuminado los rastros de luz de los faros traseros de los coches, convirtiéndolos en largos rayos rojos.

Datos técnicos
Cámara réflex de 35 mm de un objetivo con zoom de 28—85 mm y película Kodak Ektachrome 100.

Veo

Un fotógrafo experto pensó y **diseñó** esta fotografía antes de instalar su cámara en el lugar. Los haces de luz **blancos** y rojos causados por los coches que viajan en ambos sentidos desde la **cámara** quedan perfectamente equilibrados por el horizonte urbano bañado por un cielo **crepuscular**.

Pienso

Sabiendo de antemano qué velocidad de obturación crearía el mejor efecto **lineal** de tráfico en movimiento, el fotógrafo compuso la imagen de manera que los haces de luz y el **horizonte** compartieran un área similar. Con este fin, colocó una línea invisible que representa el **horizonte** en la mitad horizontal del encuadre.

Datos técnicos

Cámara réflex de 35 mm de un objetivo con zoom de 80–210 mm a 100 mm distancia focal y película Kodachrome 200.

Actúo

La velocidad de obturación necesaria para captar los rastros de luz dibujados por los faros de los **automóviles** era prioritaria para el fotógrafo a la hora de decidir el valor de exposición. Sabía de antemano que una exposición de varios segundos ofrecería un valor aceptable para retratar el **horizonte urbano**.

Al utilizarse una velocidad de obturación lenta para retratar un objeto en movimiento se
ha creado una forma borrosa extraña y bella que nunca prodría existir en la realidad.

Fuegos artificiales

Datos técnicos

Cámara réflex de 35 mm de un objetivo con zoom de 28–85 mm a distancia focal de 60 mm y película Kodachrome 64.

Veo

Esta asombrosa imagen muestra un espectáculo de fuegos artificiales, su reflejo en el agua y parte del público espectador.

Pienso

Es difícil predecir en qué punto exacto del encuadre hará explosión un fuego artificial, pero un espectáculo programado, una buena perspectiva y un gran angular aumentan las posibilidades de obtener una buena fotografía. La fotografía de fuegos artificiales es una de las fotografías de movimiento que más habilidades requiere. No obstante, tales habilidades dependen más de la colocación de la cámara y del encuadre del fotógrafo, que de la exposición. En muchas ocasiones, el uso de la posición B y una abertura de f/8 o inferior son suficientes.

Actúo

Con todo fotografiar fuegos artificiales es fácil. En primer lugar, se fija la velocidad de obturación en la posición B y se escoge una abertura de entre f/5,6 y f/8. El obturador debe mantenerse abierto el tiempo necesario para captar una secuencia de fuegos artificiales completa y luego cerrarse.

El movimiento de la cámara ha ayudado a crear una fotografía de fuegos artificiales poco común. La lenta velocidad de obturación – de entre 1 y 2 segundos – ha difuminado las luces de la ciudad y los fuegos artificiales visibles en el fondo, entre ambos edificios.

Datos técnicos
Cámara réflex de 35 mm de un objetivo con teleobjetivo de 135 mm y película Fujichrome 100.

Fuegos artificiales

Veo

Una **velocidad de obturación** inferior a la habitual, de entre 1/4 y 1/2 segundo, ha acortado la estela luminosa de los fuegos artificiales, confiriendo a la imagen el aspecto de una delicada planta.

Pienso

Como en este caso, en ocasiones transgredir las reglas produce fotografías **interesantes**. El fotógrafo nunca debe dejar de **experimentar**, movido por la ilusión de descubrir un nuevo efecto especial. El breve tiempo de **exposición** también ha oscurecido el área circundante.

Actúo

Una velocidad de obturación de entre 1 y 1/15 segundos se prolongó justo el tiempo necesario para captar el primer segmento de esta **secuencia de fuegos artificiales**. Incluso con velocidades de obturación breves, como ésta, es esencial usar un trípode para evitar que las estelas luminosas de los fuegos artificiales muestren los efectos del **movimiento de la cámara**.

Datos técnicos Cámara réflex de 35 mm de un objetivo con zoom de 35–70 mm y película Fujichrome 100.

Datos técnicos

Cámara réflex de 35 mm de un objetivo con gran angular y película Kodak Ektachrome 100.

El gran angular permitió captar una amplia superficie de cielo, incluido el edificio iluminado y los fuegos artificiales que se desplegaban sobre éste. La posición es clave para fotografiar fuegos artificiales. Se recomienda llegar temprano al lugar del espectáculo, llevar un trípode y buscar una buena posición de disparo.

Iluminación mixta:
luz natural y flash

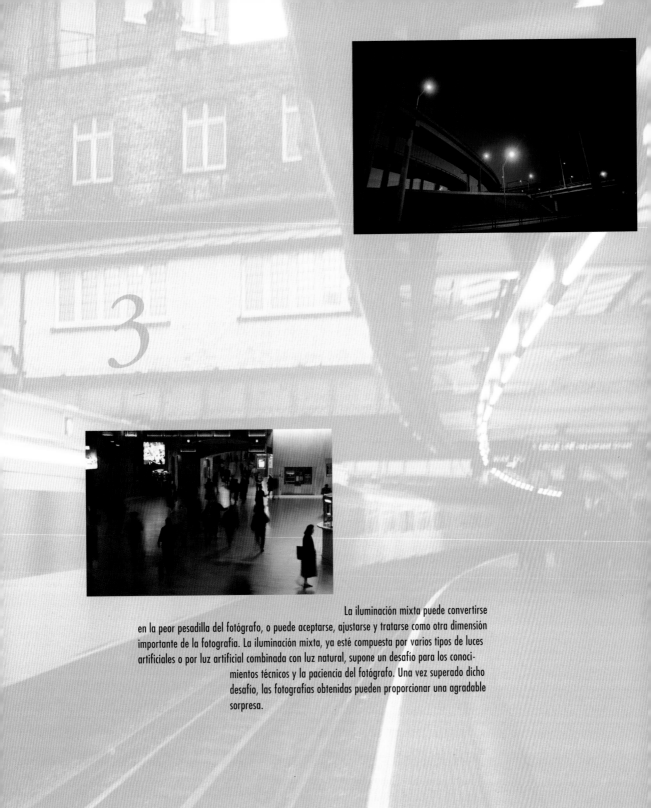

La iluminación mixta puede convertirse en la peor pesadilla del fotógrafo, o puede aceptarse, ajustarse y tratarse como otra dimensión importante de la fotografía. La iluminación mixta, ya esté compuesta por varios tipos de luces artificiales o por luz artificial combinada con luz natural, supone un desafío para los conocimientos técnicos y la paciencia del fotógrafo. Una vez superado dicho desafío, las fotografías obtenidas pueden proporcionar una agradable sorpresa.

Flash en interiores y exteriores

Veo

Mezclar un flash con la luz diurna es un modo de iluminar un tema de exteriores, cuando el nivel de luz existente es bajo. Esta técnica, popular entre fotógrafos de retratos y de moda, crea un efecto poco frecuente y llamativo, como en esta fotografía.

Pienso

Dado que los resultados son imprevisibles, es necesario realizar varios disparos. Puede utilizarse un flash acoplado a la cámara o un flash independiente, conectado a la cámara mediante un cable, que ofrece varios ángulos de iluminación.

Actúo

Tras calcular la exposición para la luz existente con el fin de asegurar la exposición óptima del tema; se escogió una velocidad de obturación lenta para que la película continuara filmando tiempo después de disparar el flash. Esta técnica, llamada sincronización de flash, puede realizarse de manera automática mediante un dispositivo incorporado en algunas cámaras compactas y réflex de un objetivo.

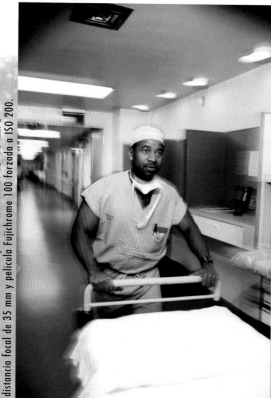

Datos técnicos
Cámara réflex de 35 mm de un objetivo con zoom de 35–70 mm a distancia focal de 35 mm y película Fujichrome 100 forzada a ISO 200.

En esta fotografía, el flash se ha equilibrado perfectamente con la iluminación del hospital, de manera que tanto el hombre como su entorno aparezcan correctamente expuestos. No obstante, la lenta velocidad de obturación determinada por el exposímetro ha causado una cierta borrosidad, ya que el tema se fotografió en movimiento.

Datos técnicos

▼ Cámara réflex de 35 mm de un objetivo con flash individual portátil y película de diapositivas en color ISO 100.

Flash en interiores y exteriores

Datos técnicos
Cámara réflex de 35 mm de un objetivo con objetivo normal de 50 mm y película Fujichrome 100.

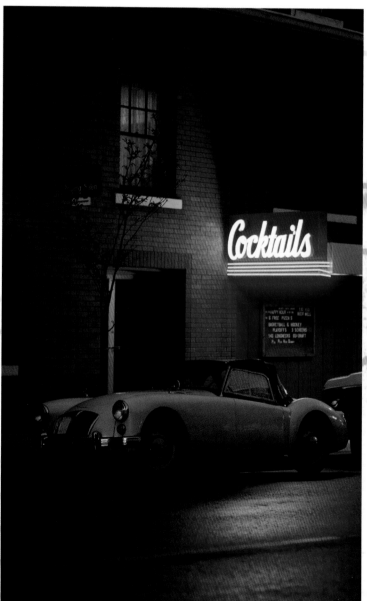

Veo

Los rótulos de neón emanan una luz intensa y de colores interesantes que ilumina el paisaje nocturno y los objetos cercanos. En esta fotografía, el rótulo ha iluminado parte de la fachada del edificio, además de la carretera y el coche.

Pienso

Además de ser un paisaje fotográfico, la combinación del rótulo y del coche evoca un determinado estilo de vida. Muchas calles de la ciudad ofrecen temas similares, que pueden retratarse sin peligro colocando la cámara en la acera opuesta.

Actúo

El fotógrafo se acuclilló para obtener una perspectiva que le permitiera incluir un amplio tramo de carretera en el encuadre y, además, poder transmitir la impresión de que el rótulo y el coche se encontraban muy próximos entre sí. El fotógrafo tomó la medición del letrero de neón y luego realizó un horquillado de sus fotografías. Con cierta experiencia, el fotógrafo podrá adivinar el valor de exposición más adecuado, lo que le permitirá probar menos encuadres cuando realice el horquillado.

Datos técnicos
Cámara réflex de 35 mm de un objetivo con gran angular de 28 mm y película Kodachrome 64.

Una autopista desierta o semidesierta de noche, recortada sobre un cielo despejado e iluminada por esporádicas farolas , crea una atmósfera extraña e inquietante. Gracias al gran angular, se ha logrado incluir la arquitectura de la carretera, que transmite sensación de espacio.

Veo

Los interiores comerciales, como el de este supermercado, requieren una iluminación **potente** y de aspecto natural, ya que los productos frescos deben ser contemplados bajo una luz similar a la **luz diurna**. Las zonas sombreadas son muy escasas y la **iluminación** es intensa pero agradable.

Pienso

Es posible que el fotógrafo no conciba **automática-mente** este tema como su opción principal, a pesar de que ofrece un gran potencial **fotográfico** y constituye un excelente ejercicio de fotografía de interiores.

Dado que este tipo de iluminación es en gran medida similar al estimado para las franjas cromáticas de las películas en color para **luz natural**, no siempre es necesario utilizar filtros de compensación del color o una película especial.

Actúo

En esta situación, la luz es tan uniforme que permite realizar una medición de la exposición general.

El fotógrafo consideró que la luz era lo suficientemente **intensa** para utilizar una velocidad de obturación que permitiera sostener la **cámara** en mano.

Se utilizó un gran angular para abarcar el ancho de la escena y garantizar un **campo de profundidad** óptimo.

Datos técnicos

Cámara réflex de 35 mm de un objetivo con gran angular de 24 mm y película Fujichrome 100.▼

Datos técnicos
Cámara réflex de 35 mm de un objetivo con objetivo de 24 mm y película Agfachrome 100.

El interior de este café está iluminado por la luz diurna natural y por varios tipos de iluminación artificial. El resultado es una mezcla armoniosa de iluminación, que transmite sensación de animación.

Se utilizó un gran angular para encuadrar la imagen. El formato vertical transmite impresión de altura y espacio.

Veo

En este concurrido centro, la **iluminación mixta** es la fuente luminosa y el núcleo de la fotografía. Las **tres** fuentes de luz principales reaccionan de manera distinta a la película en color para luz natural, creando **diferentes** colores dominantes.

Actúo

Un punto de vista elevado permitió un encuadre más **amplio** del que se habría conseguido desde una perspectiva a nivel del suelo. Desde este **ángulo**, la cámara resultaba menos indiscreta.

Datos técnicos

▼ Cámara compacta con zoom integral de 35–70 mm y película Fujichrome 100.

Luces nocturnas

Veo

Un **turista encargó** al fotógrafo tomar esta fotografía del Menai Straits Bridge, en Gales. La prolongada **exposición** utilizada ha permitido retratar las nubes en movimiento como una mancha borrosa.

Pienso

Se utilizó un exposímetro por puntos para realizar la medición de la exposición de una zona de **medio tono**. Luego se efectuó una segunda medición de la iluminación de las **torres**. El cálculo resultante dio un tiempo de exposición de aproximadamente un minuto y medio.

Disparo

El fotógrafo optó por una película de formato **mediano** (6 x 7 cm) y montó la cámara sobre un trípode. Durante la exposición, el **objetivo** se dejó descubierto para captar sólo los rastros de luz dejados por los faros de los coches.

Datos técnicos
Cámara SLR de formato mediano (6 x 7 cm), gran angular de 75 mm y película Kodak Ektachrome 64.

Esta fotografía se tomó desde una ventana
de habitación de hotel con un trípode. El fotógrafo optó por una exposición que confi-
riese luz a la escena e iluminara ciertos
detalles del edificio. Si el fotógrafo hubiera
reducido la exposición, la escena, en
conjunto, habría sido más oscura, si bien las
luces artificiales habrían sido más intensas.

Datos técnicos

Cámara compacta de 35 mm con gran angular integral y película Fujichrome Velvia. ▼

Movimiento

Veo

El tren que se aproxima por la izquierda crea una forma **dinámica** que apunta hacia el centro de la fotografía. Esta forma queda **compensada** por los detalles del **andén** de la parte derecha.

Pienso

El fotógrafo se colocó en un lugar estudiado antes de que el **tren** llegara a la estación. Cuando **componía** la fotografía, dejó en la parte izquierda de la **composición** el espacio que debía ocupar el tren.

Actúo

El gran angular ha permitido al **fotógrafo** incluir un tramo de vía mientras disparaba desde un lugar **seguro** en el andén.

Datos técnicos

Cámara réflex de 35 mm de un objetivo con objetivo de 24 mm y película Kodachrome 64.

David's flying bird pic
100a

▲ Datos técnicos

Cámara réflex de 35 mm de un objetivo con zoom de 35–70 mm y película Fujichrome 100.

La lenta velocidad de obturación utilizada para tomar esta fotografía de una puesta de sol ha provocado que la forma del ave aparezca distorsionada. Una velocidad de obturación superior habría definido en mayor grado la forma del ave, pero el valor de exposición habría oscurecido el cielo.

Veo

Esta imagen, llena de movimiento y de luces intensas, es un ejemplo excelente de una ajetreada calle de ciudad, retratada de noche. Algunos de los vehículos del centro acaban de doblar la esquina, como se deduce por los haces de luz que sus faros han dejado tras de sí.

Pienso

Los fotógrafos inspirados por este tipo de temas nunca dejan de luchar por conseguir una fotografía que condense la atmósfera enérgica y desenvuelta que se respira en las calles por la noche. El autor de esta fotografía ha logrado su propósito.

Actúo

Una ubicación segura y un teleobjetivo moderado han hecho que el tráfico y los edificios parezcan más próximos entre sí de lo que en realidad lo están. La abertura pequeña ha permitido englobar la escena que se prolonga desde el primer hasta el último plano en la zona de nitidez (o profundidad de campo).

En ocasiones, usar una abertura pequeña puede crear una forma estrellada alrededor de las fuentes de luz, como ocurre con los faros del coche del centro de la fotografía.

▲ Datos técnicos

Cámara réflex de 35 mm de un objetivo con teleobjetivo de 100 mm y película Agfachrome 200.

Cámaras y equipo

4

El abanico de formatos de imagen al que tiene acceso el fotógrafo que trabaja la fotografía con poca
luz es amplio. La elección de uno u otro formato depende de cómo y dónde vayan
a utilizarse las fotografías.

Formato mediano

La película de formato mediano es excelente para fotografiar temas con un alto grado de detalle. La intensidad de la iluminación en esta fotografía llama la atención del espectador.

La película de formato mediano es mucho más grande que la de 35 mm, pero ofrece menos fotogramas por rollo de película.

Formato de 35 mm

El formato de 35 mm es muy versátil. Las cámaras pequeñas que lo utilizan son más manejables que los modelos de formato mediano y más fáciles de montar si se desea trabajar la fotografía de exteriores, ya sea para reproducir temas en movimiento o estáticos, como éste.

Datos técnicos

▼ Cámara de formato mediano (6 x 7 cm) con gran angular de 55 mm y película Fujichrome 100.

Cámara réflex de 35 mm de un objetivo con teleobjetivo de 135 mm y película Kodachrome 200.

Cámara tomavistas

Las cámaras tomavistas se utilizan para obtener la mejor calidad y un alto grado de detalle. Estas cámaras son ideales para fotografías como ésta, donde se requería una colocación precisa y un grado de detalle muy fino.

Los formatos de película disponibles para cámaras tomavistas son principalmente de 10 x 12,5 cm y 20 x 25 cm. Las cámaras utilizadas son voluminosas y más difíciles de transportar que las de tipo de formato mediano y 35 mm. Estas cámaras requieren un conocimiento fotográfico técnico más profundo, pero producen fotografías de mayores dimensiones.

Nota: La exposición prolongada ha provocado una dominante de color, como resultado del fallo de reciprocidad (véase página 24).

(En el sentido de las agujas del reloj, desde la izquierda) Cámara tomavistas, de formato mediano, réflex de 35 mm de un objetivo y compacta de 35 mm.

Las cámaras tomavistas usan películas de gran formato, generalmente de 10 x 12,5 ó 20 x 25cm y poseen fuelles para ajustar la imagen en fotografías arquitectónicas o de naturalezas muertas.

Las cámaras de formato mediano utilizan un formato de película superior a 35 mm; los tamaños típicos son 6 x 6, 6 x 7 y 6 x 9 cm.

El uso de cámaras réflex de 35 mm de un objetivo está muy difundido entre los fotógrafos profesionales y aficionados. Son ligeras, portátiles y disponen de un amplio abanico de objetivos y accesorios.

Las cámaras compactas de 35 mm son más pequeñas que las réflex de un objetivo y muy populares para fotografías instantáneas y generales.

Las cámaras APS utilizan un formato de película inferior a 35 mm, son pequeñas, manejables e ideales para instantáneas.

Datos técnicos
▼ Cámara tomavistas de 5 x 4 con teleobjetivo de 300 mm y película Fujichrome Velvia.

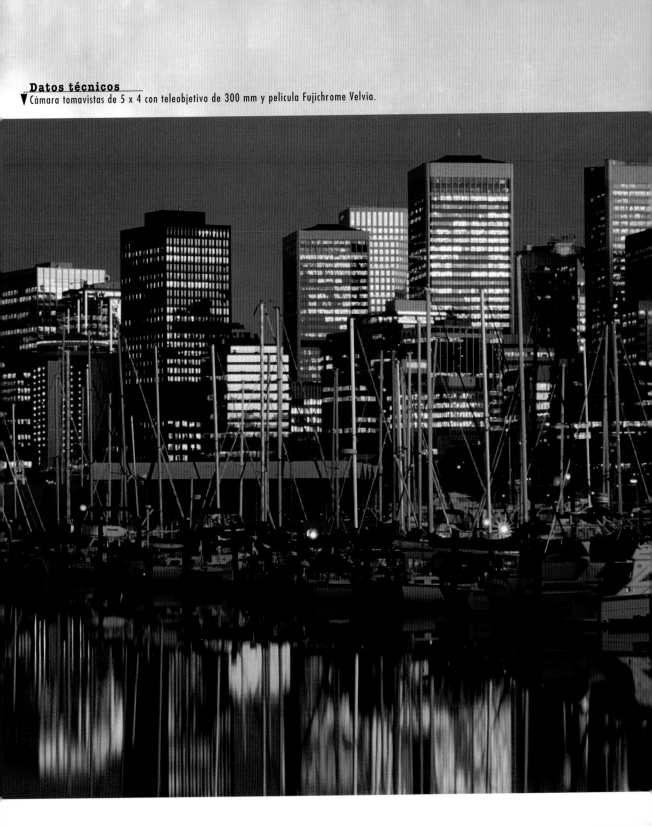

Elección del objetivo

La elección de uno u otro objetivo depende del **tema** que desee fotografiar. Generalmente, los gran angulares se utilizan para reproducir un mayor **campo de imagen**, como en la fotografía de paisajes o interiores. También constituyen un objetivo útil para **fotografiar** retratos de grupo.

El teleobjetivo sirve para realizar retratos individuales y para que los **temas** lejanos parezcan estar más próximos a la cámara. Se utilizan con frecuencia en la **fotografía** deportiva y naturalista.

El zoom incorpora una amplia gama de distancias focales de gran angular y **teleobjetivo** en un solo objetivo.

Datos técnicos
Cámara réflex de 35 mm de un objetivo con objetivo de 50 mm y película de diapositivas en color ISO 400.

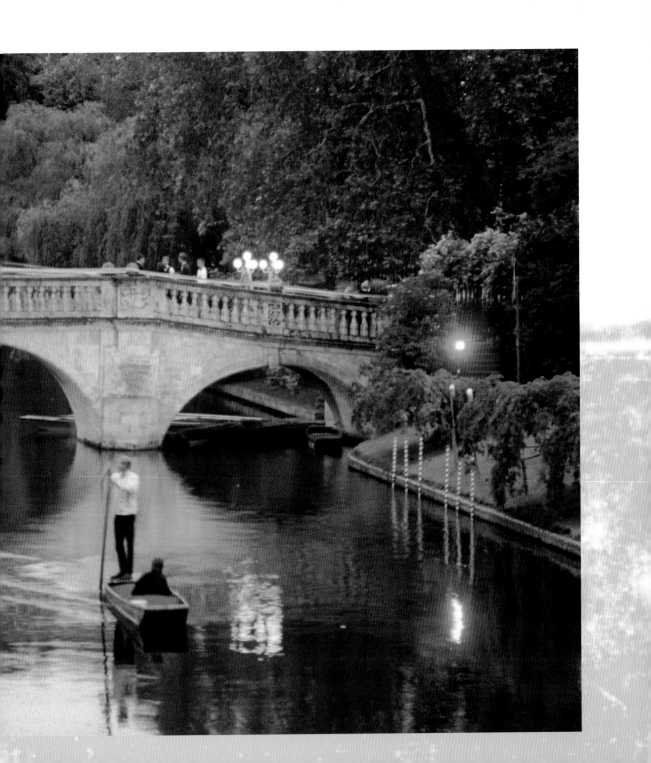

Los accesorios

Un objetivo para primeros planos o **macroobjetivo**, o un fuelle de prolongación para primeros planos abre las puertas de un nuevo mundo de temas fotográficos. Estos objetivos permiten captar en el encuadre detalles y texturas no apreciables inmediatamente a **simple vista**.

Muchos objetivos de zoom presentan una opción de **primeros planos** que ofrece la posiblidad de enfocar planos muy próximos.

También existen en el mercado accesorios especiales para primeros planos que cumplen la función de un **filtro**. Estos accesorios se comercializan con aumentos distintos y, como los filtros, pueden acoplarse a la parte delantera de cualquier **objetivo normal**.

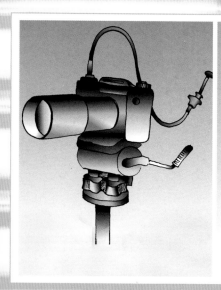  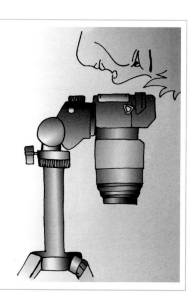

El disparador de cable le permite al fotógrafo accionar el botón liberador de la película sin tocar la cámara. Resulta extremadamente útil para trabajar con velocidades de obturación lentas sin mover la cámara.

El flash anular es un dispositivo de flash que se acopla a la parte delantera del objetivo. Este accesorio genera una iluminación uniforme y sin sombras, ideal para fotografiar primeros planos.

El trípode de plataforma inclinable permite enfocar la cámara hacia abajo para retratar un tema en primer plano. La columna central ajustable permite aproximar o alejar la cámara del tema.

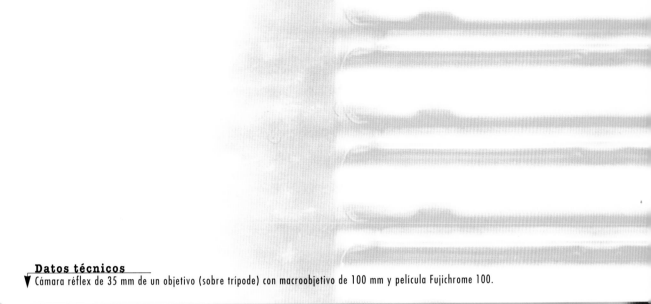

Datos técnicos

▼ Cámara réflex de 35 mm de un objetivo (sobre trípode) con macroobjetivo de 100 mm y película Fujichrome 100.

Equipo de iluminación

El flash de estudio permite un control total de la iluminación del tema. Como en esta fotografía, un buen fotógrafo puede reproducir imágenes prácticamente **sin sombras** con un flash de estudio potente colocado estratégicamente. El fotómetro para flash funciona como un exposímetro normal para luz diurna, excepto en que mide la iluminación de un **flash de estudio** concreto. Su funcionamiento es simple: se conecta el exposímetro a la cámara y al flash de estudio y, cuando se dispara el flash, el fotómetro indica la abertura recomendada para una exposición correcta.

Esta exposición correcta estimada, como ocurre con la medición de la **luz diurna**, únicamente debe servir como guía.

Antes de tomar la fotografía, deben considerarse otros aspectos, como qué otros flashes de estudio se están usando, cuál es su rendimiento luminoso o si se están empleando filtros de color (geles) o material difusor sobre los focos del flash. Algunos accesorios usados con los flashes de estudio para controlar la iluminación son:

Reflector esférico: semiesfera blanca o plateada de poca profundidad que se acopla a la cabeza del flash. Se emplea para difuminar la luz del flash.

Pantallas graduables: se usan para difuminar la luz y dirigirla a una zona específica, mediante el ajuste de las aletas o viseras.

Viseras: cono estrecho que encaja en la cabeza del flash, creando un rayo de luz fino. Se usa para iluminar una zona pequeña de un tema.

Paraguas reflector: accesorio de aspecto idéntico al de un paraguas normal que se acopla a la cabeza del flash. Puede usarse como reflector para rebotar la luz de un **flash** e iluminar el tema.

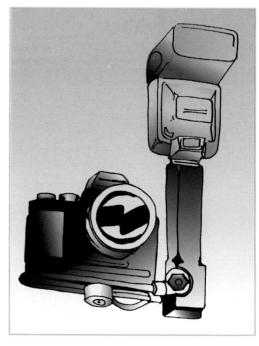

Arriba: típica cabeza de flash de estudio. Ésta en concreto presenta un accesorio que permite acoplar filtros de color especiales (geles) y material difusor.
Derecha: flash portátil individual, que permite ser utilizado como flash de relleno y, según su rendimiento luminoso, también permite trabajar desde todas las distancias.

Datos técnicos
▼ Cámara réflex de 35 mm de un objetivo con zoom de 35–70 mm y película de diapositivas en color ISO 400.

Abertura y velocidad de obturación

La abertura y la velocidad de obturación son herramientas esenciales que posibilitan la exposición. Además, estas herramientas sirven para crear efectos visuales interesantes, sin necesidad de utilizar filtros ni películas especiales.

En esta fotografía, la tenue iluminación ha obligado al fotógrafo a emplear una velocidad de obturación lenta. Tal velocidad ha resultado demasiado lenta para congelar el movimiento de las bailarinas, por lo que éstas aparecen borrosas.

La profundidad de campo controla el grado de nitidez delante y detrás del tema. Con una profundidad de campo poco profunda, el tema aparecerá perfectamente enfocado, pero las zonas delantera y trasera quedarán poco nítidas.

Con una profundidad de campo mayor, una zona más amplia de la parte delantera y trasera del tema y, por supuesto el propio tema, aparecerán perfectamente definidos.

El campo de profundidad de una fotografía depende de la abertura utilizada. Una abertura amplia o grande – f2,8, f4 o f5,6 – generará un campo de profundidad poco profundo. Una abertura inferior – f8, f16 y f22 – aportará una mayor profundidad de campo.

La profundidad de campo se reduce normalmente para rebajar o eliminar el impacto de un fondo o primer plano distrayente. Su uso es frecuente en la fotografía de retratos y de movimiento.

Aquellos temas en los que es necesario reproducir con nitidez detalles del fondo o del primer plano requieren una mayor profundidad de campo. Entre ellos destacan la fotografía de paisajes y la macrofotografía.

Datos técnicos

Cámara réflex de 35 mm de un objetivo con objetivo normal de 50 mm y película Fujichrome 100.

Dominio de la exposición

Un cámara réflex de un objetivo con un sistema de exposición y medición sensibles ha permitido captar perfectamente la tenue iluminación y los apagados colores de este paisaje marítimo.

La función del exposímetro es registrar exactamente la iluminación de un paisaje o de un tema. Las cámaras actuales ofrecen sistemas de medición de la exposición tan sensibles que permiten captar y fotografiar incluso en las condiciones de iluminación más sutiles.

Un exposímetro, sea integrado o un accesorio separado, mide la luz que el fotógrafo utilizará para tomar la fotografía. El espectro de iluminación que puede leer un exposímetro depende de la sensibilidad de la película utilizada como base. Una película sensible o rápida permite al exposímetro un espectro más amplio que una película menos sensible o lenta. Los exposímetros tan sólo miden partes de la escena o tema hacia los que está enfocado el sensor de exposición (y, por lo tanto, la cámara), por lo que únicamente ofrecen una exposición estimada para esa parte concreta de la fotografía. En las condiciones de iluminación más generales, dicha medición de la exposición debería generar una fotografía aceptable, con una exposición óptima. No obstante, en algunas situaciones, cuando el tema o el paisaje presentan múltiples zonas muy oscuras o muy claras, la medición de la exposición resulta imposible con el método estándar, ya que, si éste realiza una lectura de la exposición de una zona clara que, por ejemplo, esté integrada en un entorno oscuro, la fotografía resultante no presentará una exposición óptima.

Para solventar este problema es necesario ajustar la medición correcta estándar al valor sugerido por el exposímetro. Dependiendo de la iluminación, puede aumentar o disminuir la medición de la exposición básica con el fin de obtener una fotografía de exposición correcta.

Los temas que presentan un espectro extremo de zonas claras y oscuras, como las imágenes con tierra, nieve y cielos muy despejados, muy nublados u oscuros, pueden "desconcertar" al exposímetro.

Los exposímetros de algunas cámaras de nivel medio o alto son lo suficientemente sofisticados para tomar mediciones de varias partes o tonos del tema, a partir de las cuales realizan un cálculo medio de la exposición.

▼ Cámara réflex de 35 mm de un objetivo con zoom de 35–70 mm y película Kodak Ektachrome 100.

Dominio de la exposición

La barca, la quietud del agua y la armonía de colores crean una imagen que transmite sensación de tranquilidad.

Este tema se fotografió justo después de la puesta de sol. El contexto ofreció al fotógrafo la oportunidad de realizar un horquillado, es decir, tomar varias fotografías con exposiciones diferentes. El valor de exposición se ajustó medio punto hacia cada lado del diafragma.

Obsérvese cómo la imagen se ha ido oscureciendo en cada fase y cómo han ido variando los colores al utilizar diferentes valores de exposición.

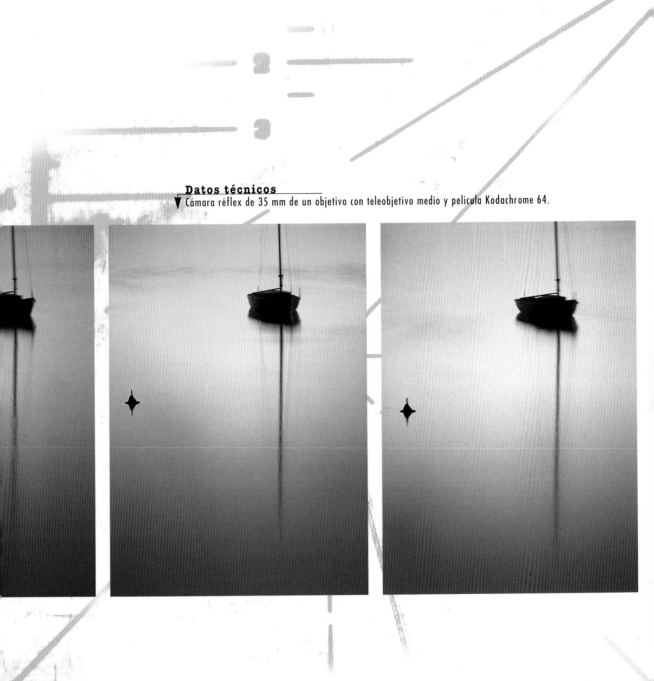

La elección de la película

Las fotografías en **blanco y negro** tomadas en condiciones de baja iluminación ofrecen un gran potencial de crear ambientes y transmitir sensaciones, sin que exista el riesgo de que los colores distraigan la atención del espectador.

Las **películas de alta sensibilidad** han ampliado el abanico de temas disponibles para los fotógrafos. En situaciones que antiguamente requerían el uso del flash, hoy pueden reproducirse fotografías que capten de manera óptima la situación y características de la iluminación de una escena o paisaje.

Datos técnicos

Cámara compacta de 35 mm y película en blanco y negro Ilford HP5 forzada a ISO 800. Foto: David Daye ▼

La iluminación principal de esta fotografía, procedente de la ventana de la derecha, se realzó colocando un reflector en el suelo, delante de la modelo.

Datos técnicos

Cámara de 6 x 6 cm con objetivo de 80 mm, tubo de extensión de 8 mm y película en blanco y negro ISO 400. ▼

El acabado y la presentación

Si quieres que tus fotografías causen la mejor
impresión, acábalas y preséntalas de la
manera más efectiva. El método que utilices para presentarlas
dependerá de si se trata de diapositivas o de copias impresas en papel.

Es posible exponer varias fotografías juntas a modo de fotografía compuesta o fotomontaje.

Existen muchas maneras de acabar y exponer las fotografías, dependiendo de si se trata de diapositivas o de copias impresas en papel. Las fotografías pueden guardarse y exhibirse en marcos de plástico o, si lo desea, puede enmarcar sus diapositivas en monturas de cartón o plástico duro e introducirlas en hojas de plástico transparente para su contemplación y almacenamiento. También es posible proyectar las diapositivas (se fabrican marcos especiales con ventanas de cristal a este efecto).

Por otro lado, es posible convertir una diapositiva en una fotografía a color en papel. Existen monturas especiales en blanco y negro con zonas recortadas que permiten exhibir una o varias diapositivas de forma atractiva.

Las fotografías en papel pueden exhibirse con marcos del mismo tamaño elaborados en madera u otro material. Existen diversos tipos de marcos para exhibir fotografías en papel: los hay de madera, de plástico y de metal. También es posible adherir las fotografías a láminas especiales y colocarlas en un álbum para su contemplación frecuente.

Adicionalmente, en el mercado existen (o pueden crearse) marcos especiales de cartón para exhibir copias impresas en una exposición.

Glosario

Dispositivo autofoco
Dispositivo del flash que proyecta un rayo de luz sobre un tema y permite al sistema autofoco registrar una imagen nítida y enfocada. De gran utilidad para fotografiar con poca luz. Los sistemas autofoco se basan en el contraste para enfocar y la imagen proyectada por el dispositivo autofoco crea un gran contraste, perfecto para este fin.

Obturador automático
Dispositivo de uso extendido incorporado en las cámaras con exposición automática y capaz de memorizar temporalmente un valor de exposición determinado.

Disparador neumático
Disparador de aire accionado presionando una perilla neumática. Produce el mismo resultado que un disparador de cable, en el que un pistón colocado en un extremo del cable acciona el botón disparador.

Posición B
Velocidad de obturación muy útil para fotografiar con poca luz, situada por debajo de la velocidad de obturación inferior del disco de velocidades. Permite mantener el obturador abierto mientras se presiona el disparador, cerrándolo en cuanto éste queda liberado. Constituye la base de las exposiciones nocturnas prolongadas y de la fotografía con flash abierto (véase abajo).

Botón de iluminación a contraluz
Accesorio usado para compensar una iluminación excesiva tras un tema, que, de otra manera, ocasionaría que un sistema automático de exposición indicara una exposición incorrecta.

Cabeza de rótula
Plataforma de la cabeza del trípode que permite colocar la cámara libremente y mantenerla en una posición rígida.

Bolsa de cereales
Bolsa de plástico, tela o terciopelo llena de cereales o legumbres secas, cuya capaci-dad de cambiar de forma la hace perfecta para usarla como soporte estabilizador de la cámara u objetivo en ausencia de trípode.

Disparador de cable
Cable con un pistón en un extremo que, conectado al botón liberador de la película de una cámara, permite su control a distancia. Existen disparadores de cable manuales y electrónicos de distinta longitud. Un disparador neumático es un tipo de disparador de cable controlado por aire mediante una perilla neumática.

CdS (sulfato de cadmio)
Elemento fotosensible utilizado por el fotómetro para calcular la exposición.

Soporte de pecho
Tipo de soporte de cámara modificado que obliga a apoyarlo contra el pecho para mantener la cámara estabilizada. Algunos tipos presentan un soporte de culatín.

Filtro de compensación (para corregir el color en exposiciones prolongadas)
Filtros coloreados especiales que se emplean para compensar las variaciones cromáticas que pueden ocurrir al utilizar una película con exposiciones muy prolongadas o luz artificial.

Flash dedicado
Aparato de flash con sistemas de rendimiento luminoso y exposición compatibles con determinadas marcas de cámaras.

Corrección dióptrica
Prestación encontrada en algunos visores de cámara que permite ajustar el foco óptico del visor a las necesidades de los fotógrafos que lleven gafas.

Latitud de exposición
Extremo de sub o sobreexposición en los que una película es capaz de ofrecer una fotografía aceptable. Las películas para diapositiva tienden a presentar una latitud de exposición estrecha con un espectro de trabajo de un punto de diafragmado a cada lado del valor de exposición correcto. Las películas en color para papel ofrecen una latitud más amplia, que permite obtener imágenes aceptables hasta dos puntos por encima y por debajo de la exposición.

Fotómetro de flash evaluativo
Aparato de flash dedicado capaz de ofrecer una exposición del flash basada en las lecturas provistas por el sistema de medición de una cámara.

Medición evaluativa
Método de medición de las cámaras réflex de un objetivo que ofrece una exposición basada en las lecturas tomadas por el exposímetro de varios puntos de una escena y posteriormente calculadas para ofrecer una medición promedia.

Horquillado
Toma de varias fotografías de un mismo tema con diferentes valores de exposición por encima y debajo del valor de correcto. Esta técnica permite al fotógrafo escoger entre varias opciones, dado que el llamado valor "correcto" de exposición no siempre es efectivo con ciertos temas o en ciertas condiciones lumínicas. Algunas cámaras réflex de gran acabado incorporan un horquillado automático que permite al usuario preparar la cámara para que realice automáticamente una serie de fotografías a valores preseleccionados.

Valor de exposición (EV)
Valor de abertura o velocidad de obturación capaz de proveer una exposición correcta. El conjunto de valores se denomina escala de EV (EVR) e indica las capacidades de exposición de una cámara o exposímetro.

Película con grano
Una característica de las películas sensibles o forzadas es que la textura de la emulsión de la película es más apreciable. Dicha textura o grano de la película es un resultado deseado por muchos fotógrafos

y confiere una calidad especial a las fotografías con poca luz.

Horquilla de flash

Brazo acoplable a una cámara y provisto con un soporte para un aparato de flash externo. Algunas horquillas de flash son ajustables y permiten aumentar la distancia entre el flash y la cámara para obtener una iluminación de flash más versátil.

Entrada de flash sincronizado

Permite conectar de manera directa un flash externo al cuerpo de la cámara (no necesariamente al patín para accesorios) mediante un cable. Suele utilizarse junto con la horquilla de flash (arriba).

Velocidad de sincronización de flash

Velocidad de obturación adecuada, sincronizada con el flash. Según la cámara que se utilice, estas velocidades son: 1/30 seg, 1/60 seg, 1/90 seg, 1/125 seg, 1/250 seg. El flash puede sincronizarse con la velocidad de sincronización del flash y con cualquier velocidad de obturación inferior a ésta. Si se utiliza una cámara réflex de un objetivo con una velocidad de obturación superior a la velocidad de sincronización del flash, una parte de la imagen aparecerá negra, ya que el obturador es incapaz de funcionar adecuadamente con un flash a tal velocidad.

Número de guía

El número de guía de un flash indica su rendimiento luminoso. Cuanto más elevado sea dicho número, más potente será el flash. Un flash con un número de guía de 25 utilizado con una película de sensibilidad ISO 100 y con una abertura de f/5,6, por ejemplo, permite iluminar correctamente un tema situado a unos 4 m de distancia.

Adaptador para flash sincronizado

Algunas entradas para flash sincronizado se encuentran en el cuerpo de la cámara, mientras que otras proceden en adaptadores acoplables especiales que encajan en el patín para accesorios.

Estabilizadores de imagen

Algunas cámaras y objetivos poseen circuitos electrónicos especiales que les permiten percibir y aplacar cualquier movimiento accidental y producir una fotografía nítida.

Vapor de mercurio

Luz de exteriores que parece blanca en realidad pero reproduce un tono azul verdoso cuando se fotografía con película normal.

Filtro gris neutro

En ocasiones, la luz que llega a la cámara debe reducirse drásticamente, incluso por debajo de los límites del sistema de exposición de la cámara. Para ello se utiliza el filtro gris neutro, que oscurece la imagen vista a través del objetivo, sin alterar los colores. El filtro gris neutro se presenta en distintos grosores y puede ser necesario para exposiciones prolongadas de fuentes de luz intensas, por ej.: relámpagos.

Baterías de NiCad

NiCad es la abreviación de níquel-cadmio, un componente utilizado por algunas pilas recargables especiales.

Técnica de flash abierto

Técnica comúnmente utilizada para iluminar artificialmente interiores oscuros y complejos con flash. La velocidad de obturación se fija en B y se disparan varios flashes mientras el obturador está abierto.

Fallo de reciprocidad

Ocurre cuando una película es incapaz de captar condiciones lumínicas más allá de sus posibilidades. Los resultados suelen ser colores falsos y variaciones en la luz.

Fash anular

Flash especial de antorcha anular que genera una iluminación prácticamente sin sombras, muy útil para fotografiar primeros planos. También se utiliza para retratos. Un signo revelador de que se ha utilizado un flash anular para una fotografía es la aparición de destellos circulares.

Selenio

Elemento fotosensible utilizado por algunos fotómetros. Se ha sustituido por sistemas más sensibles de medición (GPD y SPD).

SPD (diodo fotosilicoso)

Elemento fotosensible utilizado por algunos fotómetros.

Flash estroboscópico

Esta unidad de flash especial dispara una rápida sucesión de fogonazos breves pero potentes. Ideal para registrar temas de movimientos rápidos a modo de imágenes congeladas en un mismo campo de película. Nota: En algunos países, el flash normal se denomina "estroboscópico".

Medición por puntos

Modo de medir la luz de manera selectiva a partir de una pequeña parte del tema. Utilizado para mediciones de exposición de gran exactitud y para calcular una medición general promedia.

Flash sincronizado de baja velocidad

Este dispositivo, incorporado en algunas máquinas de gran acabado, permite ajustar la duración del flash a las velocidades de obturación lentas seleccionadas.

Trípode de mesa

Minitrípode para sostener cámaras compactas o réflex de un objetivo pequeñas. Algunos minitrípodes pueden ajustarse y utilizarse como soporte de pecho.

Pinza de trípode

Pinza provista con una plataforma de trípode que permite fijar la cámara a objetos rígidos, como verjas y vallas.

Filtros cálidos

Filtros que dan un tono más cálido (amarillo o naranja) a una imagen. Se usan para neutralizar el efecto azul de ciertos tipos de luz diurna, por ej.: luz del amanecer.